NOVENA ACTUAL
A SAN JOSÉ

MIGUEL COMBARROS MIGUÉLEZ

NOVENA ACTUAL
A SAN JOSÉ

PS EDITORIAL. Covarrubias, 19. 28010-MADRID

Segunda edición: 2008

© Editorial El Perpetuo Socorro
Covarrubias, 19 - 28010 MADRID
Tfno.: 914 455 126
Fax: 914 455 127
E-mail: perso@pseditorial.com

ISBN: 978-84-284-0692-5
Depósito Legal: M. 26.740-2008
Imprime: Fareso, S. A.

Estos diálogos con San José están dedicados a todos los que se sientan honrados de llevar su nombre: José, Pepe, José M.ª, José Antonio, Juan José… Josefa, Pepita, Josefina, María José…

También a las instituciones que lo tienen por patrono y a sus incontables devotos.

Pórtico

Mira, José, Tú eres el santo más popular de todo el santoral y el más cercano a nosotros, a nuestra vida, a las tareas y preocupaciones de hoy y de siempre. Han pasado veinte siglos desde que te fuiste a estrenar el cielo y sigues presente entre nosotros continuando tu misión incomparable de protector, no de Jesús y María, que ellos ya no te necesitan, sino de nosotros, que somos sus hijos y hermanos, y estamos empeñados en seguirlos e imitarlos.

Hemos mirado el espejo de tu vida y te hemos escogido por patrono y protector: Patrono de la Iglesia, de los seminarios, de los obreros, de la vida contemplativa, de la buena muerte. Miles de personas te honran y se honran llevando tu nombre; y muchas instituciones y organismos, públicos y privados, se acogen a la protección de tu nombre, porque es sinónimo de ayuda y protección, de entrega a los demás, de trabajo bien hecho, de misión cumplida.

Te pedimos una pequeña entrevista para estos nueve días, para hablar de ti y de nosotros, para que nos enseñes a realizarnos en la vida y a hacer las cosas como Dios manda. Seguro que nos vamos a entender. Tú, que puedes mucho, nos ayudarás. Muchas gracias de antemano, bendito San José.

Himno a San José

(para cada día)

Bendito San José,
Tú fuiste un hombre bueno.
Humilde y sin historia,
con amor y en silencio
cumpliste la misión
recibida del cielo:
esposo de la Virgen
y custodio del Verbo.
Los ángeles te hablaban
y explicaban tus sueños.

Tan cercano a nosotros
como el sencillo obrero
que en su taller se gana
con sudor el sustento.
No fue tu vida fácil,
envuelta en el misterio,
con dolores y gozos,
amenazas y miedos.
Para salvar al Niño

-tu tesoro y tu cielo-
te pones en camino
de noche hacia el destierro.
Los ojos de María
-dos brillantes luceros-
y el sonreír del Niño
te alumbran el sendero.

Hoy la Iglesia te aclama
su patrono perpetuo.
Cuidaste a nuestra Madre,
y a su Hijo, el Unigénito,
con paternal ternura
y esmerado desvelo.
Sé nuestro protector,
enséñanos tu ejemplo,
alárganos tu mano
y llévanos al cielo.

Letanía a San José

(para cada día)

Señor, ten piedad de nosotros.
Cristo, ten piedad de nosotros.
Señor, ten piedad de nosotros.
Cristo, óyenos.
Cristo, escúchanos.
Dios Padre celestial, *ten piedad de nosotros.*
Dios Hijo, Redentor del mundo, *ten piedad de nosotros.*
Dios Espíritu Santo, *ten piedad de nosotros.*
Trinidad Santa, un solo Dios, *ten piedad de nosotros.*
Santa María, *ruega por nosotros.*
José justo
José casto
José fuerte
José obediente
José fiel
Ilustre descendiente de David
Luz de los patriarcas
Esposo de la Madre de Dios

Custodio purísimo de la Virgen
Padre nutricio del Hijo de Dios
Diligente defensor de Cristo
Cabeza de la Sagrada Familia
Espejo de paciencia
Amante de la pobreza
Modelo de obreros
Gloria de la vida doméstica
Protector de los seminarios
Protector de las familias
Consuelo de los desdichados
Esperanza de los enfermos
Abogado de la buena muerte
Gloria de la santa Iglesia

Cordero de Dios, que quitas el pecado del mundo, *perdónanos, Señor.*

Cordero de Dios, que quitas el pecado del mundo, *escúchanos, Señor.*

Cordero de Dios, que quitas el pecado del mundo, *ten piedad de nosotros.*

Día primero
San José, hombre justo

Himno a San José

Palabra de Dios: Mt 1,18-20

Así nació Jesús el Mesías: María, su madre, estaba desposada con José y, antes de vivir juntos, resultó que esperaba un hijo por obra del Espíritu Santo.

José, que era recto y no quería difamarla, decidió repudiarla en secreto. Pero, apenas tomó esta resolución, se le apareció en sueños el ángel del Señor, que le dijo: "José, no tengas reparo en llevarte contigo a María, porque la criatura que lleva en su seno viene del Espíritu Santo".

Reflexión

Bendito San José:

A ti te canonizó el evangelista San Mateo, diciendo que eras bueno, un hombre justo. Para ser santo tuviste que practicar en grado eximio todas las virtudes. Hoy vamos a fijarnos en tu fe y en tu obediencia a Dios. Son el fundamento de tu grandeza espiritual, de tu santidad.

Creíste al ángel e hiciste lo que él te mandaba de parte de Dios: no abandonar a tu prometida, María, ni denunciarla de ningún modo, porque lo que crecía en su seno era fruto del Espíritu Santo, era el Hijo del Altísimo. Tú conocías bien la historia de Abraham y la prueba a la que Dios le sometió para aumentar su fe y su fidelidad: sacrificar a su único hijo Isaac. Asimismo, Dios te pide un sacrificio enorme: renunciar a los posibles hijos nacidos de tu sangre, que serían la mejor bendición de Dios para tu casa. Y te confía el cuidado del Hijo de Dios y de su Madre, la Virgen María.

También creíste y obedeciste a tu confidente el ángel, cuando te mandó dirigirte a Belén a empadronarte; igualmente cuando te envió al penoso desierto de Egipto, como un refugio más, para salvar la vida amenazada del Dueño de toda la tierra. Y cuando, incomprensiblemente para ti y para su Madre, el Niño se quiso perder en el templo de Jerusalén, callaste y aceptaste su decisión.

Viviste en completa inseguridad, pero, como creyente, te fiaste plenamente de Dios y le obedeciste en todo lo que te proponía, aunque no lo comprendieras.

Preces

Oremos a Dios, nuestro Padre, por medio de Jesucristo y por intercesión de San José:

— Por todos los pastores de la Iglesia, para que sean padres espirituales y engendren muchos hijos para Cristo, *roguemos al Señor.*

— Por los esposos que no tienen hijos, para que se abran a otra paternidad, como la adopción, o al servicio de los demás, *roguemos al Señor.*

— Por todos los sacerdotes, religiosos y religiosas, que han renunciado al gozo de una paternidad o maternidad humanas, para que encuentren la alegría de su paternidad espiritual, *roguemos al Señor.*

— Por todos nosotros, para que siguiendo el ejemplo de San José, confiemos plenamente en Dios y cumplamos siempre su voluntad, *roguemos al Señor.*

Letanía a San José

Oración final

V/. Ruega por nosotros, San José.
R/. Para que seamos dignos de las promesas de Jesucristo.

Bendito San José, Tú te humillaste ante Dios para aceptar siempre sus planes. Él te engrandeció confiándote la misión más cercana a las fuentes de la salvación: ser protector de la Madre de Dios y de su Hijo divino. Tú oíste a Jesús llamarte padre y fuiste su educador. Enséñanos a cumplir siempre la voluntad de Dios y ayúdanos con tu protección a llegar un día a la gloria del cielo. Amén.

Padrenuestro, avemaría y gloria.

Día segundo
San José, humilde y servicial

Himno a San José

Palabra de Dios: Mt 2,13-15

Apenas se marcharon los sabios de Oriente, el ángel del Señor se apareció en sueños a José y le dijo: "Levántate, coge al niño y a su madre y huye a Egipto; quédate allí hasta nuevo aviso, porque Herodes busca al niño para matarlo".

José se levantó, cogió al niño y a su madre y partió con ellos de noche camino de Egipto. Y permaneció allí hasta la muerte de Herodes.

Reflexión

Bendito San José:

Tú pudiste decir como Juan el Bautista: "Es necesario que ellos, Jesús y María, crezcan y que yo disminuya". Te contentaste con llevar la burrita que ellos montaban por los caminos que tu amigo invisible, el ángel, te iba mostrando.

Contigo aprendió el Niño a andar y hablar. Trabajaste duro para que no les faltase nada a María y a Jesús. Enseñaste al Hijo del hombre el oficio de carpintero, para que pudiera ganarse la vida con el sudor de su frente.

Y cuando ellos ya no te necesitaron, en silencio, humildemente, desapareces, para esperarlos en el limbo de los justos y entrar juntamente con ellos en la gloria del cielo.

José, a nosotros nos cuesta mucho renunciar a las apariencias y a la hipocresía. Buscamos el poder, los honores y el brillo exterior, para que nos alaben y nos aplaudan. Queremos que nos enseñes a vivir, como Tú y como María, en la sencillez y en la humildad del trabajo ordinario. Entre las cosas sencillas encontraremos más fácilmente a Dios, que quiso compartir nuestra pobreza y hacerse en todo compañero nuestro de camino.

Preces

Hoy te pedimos, Señor, por intercesión del patriarca San José, por estos protegidos suyos:

— Por los que no tienen voz, por los que no tienen cultura, por los que se mueren de hambre, por los que malviven en los países subdesarrollados, por los esclavos de hoy, *escúchanos, Señor.*

— Por los ancianos desatendidos, por los deficientes y disminuidos, por los frustrados y deprimidos, por todos los marginados de la sociedad, *escúchanos, Señor.*

— Por los que no tienen familia, por los sin techo, por los encarcelados, por los emigrantes, por los que no tienen trabajo, por los hogares rotos, *escúchanos, Señor.*

— Por nuestra comunidad cristiana, por los que trabajan desinteresadamente en favor de los demás, por cuantos nos testimonian el estilo evangélico, para que nos enseñen el espíritu de servicio humilde, lleno de amor y de entrega, que tuvo San José, *escúchanos, Señor.*

Letanía a San José

Oración final

V/. Ruega por nosotros, San José.
R/. Para que seamos dignos de las promesas de Jesucristo.

Bendito San José, acudimos a ti para que nos enseñes a ser humildes y a entregarnos como Tú al servicio de los más pobres y desamparados, que son los preferidos de Dios y los primeros en su Reino. Con fe en el poder de Dios, imploramos tu intercesión en favor nuestro. Amén.

Padrenuestro, avemaría y gloria.

Día tercero

San José, custodio de Jesús y de María

Himno a San José

Palabra de Dios: Mt 2,19-23

Apenas murió Herodes, el ángel del Señor se apareció en sueños a José en Egipto y le dijo: "Levántate, coge al niño y a su madre y vuelve a Israel; ya han muerto los que intentaban acabar con el niño".

Se levantó, cogió al niño y a su madre y regresó con ellos a Israel. Al enterarse de que Arquelao reinaba en Judea como sucesor de su padre Herodes, tuvo miedo de ir allá. Entonces, avisado nuevamente en sueños, se retiró a la región de Galilea y fue a establecerse a un pueblo llamado Nazaret. Así se cumplió lo que habían anunciado los profetas: que Jesús sería llamado nazareno.

Reflexión

Bendito San José:

Pocas cosas sabemos de ti. Se te nombra más por tu relación con Jesús y María, que por tu propia personalidad. Eres el esposo de María, el padre legal de Jesús, el protector de ambos. En ti misión y personalidad se identifican.

Sin hacer ruido ni figurar, tu vida es una sombra protectora para Jesús y María, su madre. Tu vocación fue un don total de ti mismo, de tu tiempo, de tu trabajo, de tu corazón y de toda tu capacidad e inteligencia. Todo lo pusiste al servicio de Jesús y de María, al servicio de la Encarnación y de la misión redentora del Mesías. Estás ahí para proteger al Niño y a su Madre, para hacerlos felices.

No se explicaría tu historia, José, si no hubieras sido una persona enteramente movida por el amor y por la fe. Eres la expresión visible de la paternidad de Dios en la tierra. No te faltarán sobresaltos. Tendrás que ir con la Madre y el Niño de un lugar para otro, tendrás que emigrar, tendrás que buscarles la vida con tu duro trabajo. Pero Dios está contigo. Ésa era tu misión y la cumpliste "como siervo fiel y prudente".

Preces

Por intercesión de San José, hoy te pedimos, Señor:

— Por tu Iglesia y sus representantes, para que la fuerza del Espíritu Santo la mantenga siempre en el camino de la verdad y de la salvación, *roguemos al Señor.*

— Por todos los cristianos, seguidores y discípulos de Jesucristo, para que con nuestras buenas obras desarrollemos y hagamos crecer la semilla de la fe recibida en el bautismo, *roguemos al Señor.*

— Por todas las personas consagradas a Dios, para realizar un servicio eclesial en favor de los más pobres y abandonados, para que lo desempeñen con el mismo espíritu y entrega de San José cuidando de Jesús y de María, *roguemos al Señor.*

— Por cuantos estamos aquí presentes, que honramos e invocamos al patriarca San José, para que su protección nos acompañe durante nuestra vida y en el momento de la muerte, *roguemos al Señor.*

Letanía a San José

Oración final

V/. Ruega por nosotros, San José.
R/. Para que seamos dignos de las promesas de Jesucristo.

Bendito San José, Tú supiste cumplir tu misión de cuidar en la tierra a Jesús y a María. Enséñanos a realizar la nuestra dentro de la Iglesia: vivir la salvación que Jesucristo nos ha traído y anunciarla con el ejemplo y la palabra a los demás. Así un día podremos alcanzar, con tu protección, la plenitud de la resurrección. Amén.

Padrenuestro, avemaría y gloria.

Día cuarto

San José, hombre de silencio y de vida interior

Himno a San José

Palabra de Dios: Lc 2,46-51

Por fin, a los tres días lo encontraron en el templo, sentado en medio de los maestros, escuchándolos y haciéndoles preguntas. Todos los que le oían estaban asombrados de su talento y de las respuestas que daba. Al verlo, se quedaron extrañados, y le dijo su madre: "Hijo, ¿por qué has hecho esto? Tu padre y yo hemos estado muy angustiados buscándote". Jesús les contestó: "¿Y por qué me buscabais? ¿No sabíais que yo debía estar en la casa de mi Padre?".

Pero ellos no comprendieron lo que les quería decir.

Jesús bajó con ellos a Nazaret y siguió bajo su autoridad.

Reflexión

Bendito San José:

Tú eres el hombre del silencio, el modelo de la vida interior. Los evangelios no conservan ninguna palabra tuya. Hay una sola que indirectamente pronunciaste. Al circuncidar al Niño le pusiste por nombre *Jesús*. ¡Cuántas veces en tu vida repetirías esta dulce palabra, convertida en oración, en llamada, en invocación, en sugerencia, en mandato...!

Te sitúas en el silencio fecundo, donde habita Dios. Por eso sabes escucharlo y te mantienes en constante oración con Él, siempre vigilante para captar cualquier mensaje suyo, para escuchar sus palabras y para interpretar los "sueños" y los signos.

A nosotros, José, no nos va tanto el silencio; muchos desconocemos su valor. Nos da miedo enfrentarnos con nosotros mismos y asomarnos a nuestro vacío interior. Por eso nos llenamos de distracciones y de ruidos. Así no podemos descubrir la insondable riqueza que Dios ha depositado dentro de nosotros.

En este día venimos a aprender de ti cómo vivir en profundidad. Queremos serenar y poner en paz nuestro mundo interior, para escuchar la voz de Dios que nos invita a una mayor intimidad con Él y a una mayor fidelidad.

Preces

Por intercesión del bendito San José hoy te pedimos, Señor:

— Por tu santa Iglesia y los que la dirigen, para que sean fieles en enseñar la necesidad de la oración como el mejor alimento espiritual, *roguemos al Señor.*

— Por las comunidades consagradas a la contemplación, para que muestren a este mundo materializado los caminos del encuentro con Dios, *roguemos al Señor.*

— Por todos los cristianos, para que cuenten con Dios en la solución de sus dudas y problemas, *roguemos al Señor.*

— Por todos nosotros, que nos ponemos bajo la protección del bendito Patriarca de Nazaret, para que vivamos en comunión con Dios y pidamos siempre la ayuda y la intercesión de la Virgen y de San José, *roguemos al Señor.*

Letanía a San José

Oración final

V/. Ruega por nosotros, San José.
R/. Para que seamos dignos de las promesas de Jesucristo.

Bendito San José, a menudo convertimos nuestra oración en monólogo, porque no escuchamos ni dejamos hablar a Dios. Enséñanos a rezar, como lo hiciste Tú, dentro de nosotros, para que resuene en lo más íntimo la voz de Dios. Amén.

Padrenuestro, avemaría y gloria.

Día quinto
San José, esposo
y padre nutricio

Himno a San José

Palabra de Dios: Mt 1,20-25

El ángel del Señor se le apareció en sueños y le dijo: "José, hijo de David, no tengas reparo en llevarte contigo a María, tu mujer, pues el hijo que lleva en su seno viene del Espíritu Santo. Dará a luz un hijo, y le pondrás por nombre Jesús, porque él salvará a su pueblo de los pecados".

Esto sucedió para que se cumpliese lo que había dicho el Señor por el profeta: "Mirad, la virgen concebirá y dará a luz un hijo, y le pondrán por nombre Emmanuel, que significa Dios con nosotros".

Cuando se despertó José, hizo lo que le había dicho el ángel del Señor y se llevó a su mujer a su casa.

Sin haber tenido relación con él, María dio a luz un hijo, y José le puso por nombre Jesús.

Reflexión

Bendito San José:

Con María y Jesús formaste la familia ideal, la sagrada familia de Nazaret, el modelo de todas las familias de la tierra. Familia presidida por el amor: amor a Dios y amor mutuo. Jesús era el centro y Tú y María vivíais para Él, trabajabais para Él; vuestros corazones latían al unísono con Él.

Teníais delante el objetivo de vuestra fe bajo la figura y los modales de un niño normal. ¡Con qué ternura lo mirabais y le agradecíais su presencia entre nosotros, para mostrarnos el camino de la felicidad y de la salvación!

Hay entre nosotros muchas familias espléndidas, que viven el ideal del amor y de la entrega a los hijos, cultivando en ellos los valores eternos del Evangelio. Pero hay otras familias desintegradas, desorientadas y rotas, porque no saben lo que es el amor o han cegado su fuente; y sin amor no florece la vida, ni la entrega, ni la felicidad... Otras familias carecen de recursos para hacer un hogar feliz.

Es preciso, pues, que contemplemos tu familia de Nazaret y nos esforcemos solidariamente en imitarla.

Preces

Bendito José, te presentamos y ponemos bajo tu protección a nuestras familias, a todas las familias separadas y a las que sufren:

— Por los padres de familia, para que crezcan en amor responsable y puedan educar a sus hijos en los valores cristianos, *roguemos al Señor.*

— Por las familias separadas o que viven en situación irregular, para que arreglen su estado y el de sus hijos por el camino del diálogo y del entendimiento, *roguemos al Señor.*

— Por todos los hogares donde falta el pan y el trabajo, para que no se imponga la desesperanza, sino la búsqueda de soluciones, *roguemos al Señor.*

— Por los novios que se preparan al matrimonio, para que vivan esa etapa de su vida con la seriedad y el respeto que requiere la maduración de un amor que debe durar toda la vida, *roguemos al Señor.*

Letanía a San José

Oración final

V/. Ruega por nosotros, San José.
R/. Para que seamos dignos de las promesas de Jesucristo.

Bendito San José, Dios nos ha propuesto a tu Sagrada Familia como modelo para todas las familias de la tierra; te rogamos por todos los hogares, para que, imitando el vuestro, vivan felices en este mundo y gocen un día de los premios eternos en el hogar del cielo. Amén.

Padrenuestro, avemaría y gloria.

Día sexto
San José, Padre
y Patrono de la Iglesia

Himno a San José

Palabra de Dios: Lc 2,4-7

José subió desde la ciudad de Nazaret, en Galilea, a la ciudad de David que se llama Belén, en Judea, para inscribirse con su esposa, María, que estaba encinta. Estando allí, le llegó el tiempo del parto y dio a luz a su hijo primogénito; lo envolvió en pañales y lo acostó en un pesebre...

Reflexión

Bendito San José:

Hoy queremos recordarte un patronazgo muy querido para ti: ser patrono y padre de la Iglesia. Tú la protegiste en su núcleo primero y fundamental. Todo el cariño y desvelo que entregaste a

Jesús y María, se lo dedicas ahora a la Iglesia y a todos sus hijos, porque la Iglesia es la prolongación del Jesús viviente, el Cristo continuado hoy entre nosotros.

Tú que supiste cumplir fielmente tu misión de proteger y educar a Jesús niño, ayuda a los que pretendemos ser buenos hermanos suyos. Tú eres nuestro protector, nuestro patrono y nuestro padre. Tú que eres experto en la custodia y defensa de los débiles, protege a la Iglesia que lucha y camina en medio de dificultades. Cuida de cada uno de nosotros ante las pruebas que amenazan nuestra fe y nuestra vida cristiana.

Hoy queremos pedirte que la sigas defendiendo de todas las persecuciones, de todos los errores y desviaciones, para que se mantenga siempre unida, santa y fiel al Señor Jesús. Enséñanos a todos los hijos de la Iglesia a amarla, siendo siempre dóciles y obedientes a las insinuaciones de Jesús y de María.

Preces

— Por la santa Iglesia y sus representantes, para que la fuerza del Espíritu Santo los mantenga siempre en el camino de la verdad y de la salvación, *roguemos al Señor.*

— Por todos los cristianos, para que nos sintamos hijos de la Iglesia, la amemos como a nuestra madre y sigamos fielmente sus enseñanzas, *roguemos al Señor*.

— Por las vocaciones eclesiales, para que el Espíritu Santo suscite en jóvenes y adultos la generosidad de entregar su vida al servicio del Evangelio, *roguemos al Señor*.

— Por todos nosotros, para que vivamos nuestra vocación cristiana y demos testimonio del mensaje de Jesucristo con nuestra vida y nuestras obras, *roguemos al Señor*.

Letanía a San José

Oración final

V/. Ruega por nosotros, San José.
R/. Para que seamos dignos de las promesas de Jesucristo.

Te pedimos, bendito San José, que sigas protegiendo a la Iglesia de Jesucristo, para que se mantenga en la integridad de la fe, en la esperanza ilusionada y en el amor fraterno, y así pueda alcanzar un día la plenitud de vida y de gloria en el cielo. Amén.

Padrenuestro, avemaría y gloria.

San José, obrero

Himno a San José

Palabra de Dios: Mt 13,54-58

Jesús llegó a su pueblo y se puso a enseñar en la sinagoga. La gente decía asombrada: "¿De dónde saca éste tanto saber y esos milagros que hace? ¿No es el hijo del carpintero? ¿No es María su madre, y sus hermanos, Santiago, José, Simón y Judas? Y sus hermanas, ¿no viven también todas aquí? ¿De dónde saca entonces todo eso?". Y aquello les resultaba escandaloso.

Jesús les dijo: "Sólo en su tierra y en su casa desprecian a un profeta".

Y por causa de su falta de fe, no hizo allí muchos milagros.

Reflexión

Bendito San José:

Otro título que te acerca a nosotros y te hace popular es el de ser patrono de los obreros y trabajadores. Tuviste que ganar el sustento para ti y tu familia con el sudor de tu frente, con tu trabajo diario. En tu humilde taller ibas ganando el pan de cada día. Con qué santo orgullo oirías a tus vecinos decir de Jesús: "Éste es el hijo del carpintero de Nazaret".

Tu ejemplo de trabajador artesano nos enseña que el trabajo no es castigo de Dios, sino que todo trabajo tiene una gran dignidad, perfecciona la obra de Dios en el universo, ayuda a nuestros hermanos a tener más recursos y a ser más felices; es también una colaboración con Jesucristo en la redención del mundo.

Muchos reniegan del trabajo, porque es duro, inhumano o se lo pagan injustamente... Otros no encuentran un empleo para sacar adelante a su familia y ven cerrado el horizonte de su vida por falta de recursos para existir dignamente y realizarse.

Gran tarea la tuya, bendito San José, para cumplir con este patronazgo y ayudar a todos los obreros a resolver sus problemas.

Preces

Invocamos a Dios por intercesión de San José obrero:

— Por todos los trabajadores del mundo, para que realicen su trabajo, no como una esclavitud indigna, sino como un servicio a Dios y a la humanidad, *roguemos al Señor*.

— Por los que carecen de empleo y no tienen medios de subsistencia familiar, para que encuentren soluciones, *roguemos al Señor*.

— Por los niños, mujeres e inmigrantes sometidos a trabajos impropios de la dignidad humana y a salarios injustos, *roguemos al Señor*.

— Por todos nosotros, para que realicemos nuestras labores de cada día con el amor con que las realizaba San José y como servicio a los demás, en los que debemos ver el rostro y la imagen de Cristo, *roguemos al Señor*.

Letanía a San José

Oración final

V/. Ruega por nosotros, San José.
R/. Para que seamos dignos de las promesas de Jesucristo.

Bendito San José, nos queda mucho por hacer en el campo de la justicia social, en los temas laborales y en el respeto a la dignidad de las personas. Concédenos que, bajo tu paternal protección, encontremos soluciones justas y cumplamos el deber de trabajar para servicio de Dios en esta vida y para alcanzar la recompensa eterna. Amén.

Padrenuestro, avemaría y gloria.

Día octavo
San José, abogado de la buena muerte

Himno a San José

Palabra de Dios: Lc 9,23-27

Y dirigiéndose a todos, dijo Jesús: "El que quiera venirse conmigo, que se niegue a sí mismo, que cargue cada día con su cruz y me siga. Porque el que quiera salvar la vida, la perderá; en cambio, el que dé su vida por mi causa, la salvará. A ver, ¿de qué le sirve a uno ganar el mundo entero si se pierde o se malogra él mismo? Pues bien, si uno se avergüenza de mí y de mis palabras, también el Hijo del hombre se avergonzará de él cuando venga rodeado de su gloria, la del Padre y la de los santos ángeles. Os aseguro que algunos de los aquí presentes no morirán sin haber visto antes el reinado de Dios".

Reflexión

Bendito San José:

Con cuánta razón los santos pudieron envidiar tu muerte dulcísima y santa, asistido por Jesús y María en tu hora final sobre esta tierra. Los evangelios no nos han dejado constancia del cuando, ni del lugar de tu tránsito; pero podemos adivinar fácilmente cómo fue. Nadie puede soñar mejor compañía para el último trance, que la de Jesús y la de María.

Todos tenemos miedo a la muerte: miedo natural e instintivo porque esta vida se acaba; y temor a no estar preparados, a haber tenido olvidado a Dios en nuestra vida, a no haber sido fieles al Señor.

Por eso, bendito Patriarca, acudimos hoy a ti. Tú eres el abogado de la buena muerte. Venimos a implorar tu protección para ese momento trascendental y decisivo. Si Tú estás a nuestro lado, alentando nuestra confianza, podemos esperar plenamente que la misericordia de Dios nos abra las puertas del cielo. Ayúdanos a vivir de la mano de Dios, contando siempre con Él y cumpliendo su voluntad. Es la mejor manera de ir preparando nuestra entrada en la casa del Padre.

Preces

Hoy pedimos a Dios, por intercesión de San José, una buena muerte; y antes, una vida cristiana y fervorosa:

— Por todos los países del mundo para que vivan en paz y cesen las guerras y la violencia que causan tantas muertes inútiles, *roguemos al Señor.*

— Por todos los enfermos terminales, para que pongan su confianza en Dios al dar el paso a la eternidad, *roguemos al Señor.*

— Por todos los cristianos, para que en su existencia terrena no vivan alejados de Dios, sino que cumplan su misión de servirle y amarle, *roguemos al Señor.*

— Por todos nosotros que honramos a San José, para que su intercesión nos obtenga una muerte santa y en paz con Dios y con nosotros mismos, *roguemos al Señor.*

Letanía a San José

Oración final

V/. Ruega por nosotros, San José.
R/. Para que seamos dignos de las promesas de Jesucristo.

Te suplicamos, bendito patriarca San José, que vengas a consolarnos en los últimos momentos de la existencia en esta tierra. Alcánzanos la gracia de llevar una vida santa y tener una muerte semejante a la tuya, entre los brazos de Jesús y de María. Amén.

Padrenuestro, avemaría y gloria.

Día noveno
San José, intercesor poderoso

Himno a San José

Palabra de Dios: Mt 7,7-11

Pedid y se os dará, buscad y encontraréis, llamad y os abrirán; porque todo el pide, recibe, el que busca, encuentra, y al que llama, se le abre.

O es que si a uno de vosotros su hijo le pide pan, ¿le va a ofrecer una piedra? O si le pide un pescado, ¿le va a ofrecer una serpiente? Pues si vosotros, que sois malos, sabéis dar cosas buenas a vuestros hijos, ¡cuánto más vuestro Padre del cielo se las dará a los que se las piden!

Reflexión

Bendito San José:

Teresa de Ávila, gran devota tuya y doctora de la Iglesia, nos dice de ti: "Es cosa que sorprende, las grandes mercedes que me ha hecho Dios por medio de este bienaventurado santo, de los peligros que me ha librado, así de cuerpo como de alma… No me acuerdo haberle suplicado cosa, que no haya dejado de hacer.

A otros santos parece que les dio el Señor la gracia de socorrer en alguna necesidad; de este glorioso santo tengo experiencia que socorre en todas y que quiere el Señor darnos a entender que así como le fue sujeto en la tierra, así en el cielo hace cuanto le pide".

¿Qué mejor panegírico se puede hacer de tu poderosa intercesión? Nos socorres en todas nuestras necesidades, si acudimos a ti. Dios no puede negarte nada de cuanto le pidas en favor nuestro, porque sigue llamándote padre y amándote como entonces.

Instituciones numerosas te honran poniéndose bajo tu protección: Patrono de la Iglesia, de los seminarios, de los obreros, de la vida interior, de la buena muerte… Se cuentan por millares tus devotos y los que escogen tu nombre por bandera y protección. Eres el santo más popular. Tu figura despierta confianza, porque desde tu sencillez y trabajo cumpliste a la perfección tu misión sobre la tierra.

Preces

Pedimos a Dios, que quiso también ser llamado "hijo de José", que nos dé plena confianza en su intercesión:

— Por todos los padres y educadores, para que, con entrega, dedicación y amor, logren dar la formación integral que hoy necesita la juventud, *roguemos al Señor*.

— Por el aumento de vocaciones sacerdotales, religiosas y laicales, para que todos los llamados se pongan en manos de San José y se dejen guiar por él, *roguemos al Señor*.

— Por todos nosotros, para que vivamos con entusiasmo en la fe, en la humildad y en la entrega a Jesús y a María, como lo hizo San José, *roguemos al Señor*.

— Por todos los devotos de San José, para que confíen siempre en su poderosa intercesión ante Dios y lo invoquen en sus necesidades, *roguemos al Señor*.

Letanía a San José

Oración final

V/. Ruega por nosotros, San José.
R/. Para que seamos dignos de las promesas de Jesucristo.

Dios nuestro, por una providencia inefable escogiste al bienaventurado José para ser el esposo de la Virgen María; te suplicamos nos concedas la gracia de venerarlo en la tierra como a nuestro protector y de tenerlo por intercesor en el cielo. Tú que vives y reinas por los siglos de los siglos. Amén.

Padrenuestro, avemaría y gloria.

Índice